COLLECTION F

D0545692

Stupeurs de Gilles Archambault
est le soixante-seizième titre de cette collection
dirigée par Suzanne Robert.

STUPEURS

GILLES ARCHAMBAULT

Stupeurs

Proses

Avec huit monotypes
de Jacques Brault

l'HEXAGONE

Éditions de l'HEXAGONE
Une division du groupe
Ville-Marie Littérature
1010, rue de la Gauchetière Est
Montréal, Québec
H2L 2N5

Maquette de la couverture:
Christiane Houle

En couverture:
Monotype de Jacques Brault

DISTRIBUTEURS:

• Pour le Québec, le Canada et les États-Unis:
LES MESSAGERIES ADP*
955, rue Amherst, Montréal H2L 3K4
Tél.: (514) 523-1182
Télécopieur: (514) 939-0406
* Filiale de Sogides ltée

• Pour la Belgique et le Luxembourg:
PRESSES DE BELGIQUE S.A.
Boulevard de l'Europe 117
B-1301 Wavre
Tél.: (10) 41-59-66
(10) 41-78-50
Télécopieur: (10) 41-20-24

• Pour la Suisse:
TRANSAT S.A.
Route des Jeunes, 4 Ter
C.P. 125
1211 Genève 26
Tél.: (41-22) 342-77-40
Télécopieur: (41-22) 343-46-46

• Pour la France et les autres pays:
INTER FORUM
Immeuble ORSUD, 3-5, avenue Galliéni, 94251 Gentilly Cédex
Tél.: (1) 47.40.66.07
Télécopieur: (1) 47.40.63.66
Commandes: Tél.: (16) 38.32.71.00
Télécopieur: (16) 38.32.71.28
Télex: 780372

Dépôt légal — 1er trimestre 1994
Bibliothèque Nationale du Québec
Bibliothèque Nationale du Canada

À Martin Dufour, François Ricard et
Jacques Brault, en souvenir du Sentier

Je suis persuadé qu'on rencontre sa mort durant la vie. Mais on ne la reconnaît pas. À peine risque-t-on d'en sentir le frisson. Souvent dans le regard d'autrui.

GEORGES PERROS

Râles

N'ENTENDEZ-VOUS jamais ces respirations haletantes, ces râles, lorsque vous marchez dans la rue? Sans doute êtes-vous trop occupé pour percevoir les plaintes des hommes qui s'enlisent dans la douleur. En m'y efforçant, je le confesse, j'entends à peine les cris exaspérés de quelque nouveau-né. Dites, qui pourra frémir à l'écoute de mon hésitant murmure?

Méprise

Un homme est entré chez vous sans s'annoncer. Pourquoi aurait-il frappé? Il suffisait de tourner la clef dans la serrure. Ayant embrassé votre femme et caressé vos enfants, il vous a sommé de vous asseoir à la fenêtre. Bientôt viendra le temps où vous deviendrez une ombre. La porte s'ouvre.

Gens bien portants

ENFIN, le troisième palier. S'arrêter pour souffler un peu. Murs lézardés. De l'étage supérieur, lui parvient un air doucereux. L'ami qui chantait et dont les yeux s'animaient pour un rien. Combien de marches encore? Et puisqu'il est question de bonheur, d'exubérance même, pourquoi ne rencontrerait-elle pas une jeune femme épanouie tenant par la main une ravissante petite fille? Haine.

Père

PÈRE, tu te souviens de cette peur que tu
lisais dans mes yeux? Peut-être en étais-tu
toi-même effaré. Comment expliquer
autrement tes colères subites? Maintenant que
ton corps ne s'épuise plus en des luttes
toujours plus vaines, que je peux prononcer
ton nom sans craindre que tu n'apparaisses
soudainement, permets que je te parle à voix
basse d'une paix à toi aussi inconnue. Nous
n'étions pas faits pour la sérénité, père, mais
nous l'ignorions, occupés que nous étions à
nous épier.

Mendiants

ILS NOUS TENDENT la main avec des regards parfois implorants. En échange de la moindre pièce, ils affirmeraient que la vie est bonne à vivre, que l'éternité la couronnera, que nous méritons cette félicité. Nous les croyons sur parole, voulant fuir au plus tôt leur servilité. Qu'il était doux le temps des brigands sanguinaires qui vous égorgeaient pour un liard!

Interrogatoire

POURQUOI tes yeux me suivent-ils sans
relâche? Aurais-je ajouté aux déceptions que tu
as accumulées? Depuis quand ai-je cessé d'être
pour toi le consolateur? Les vieillards que nous
sommes ont-ils encore le loisir de songer à ce
qui aurait pu être? Je te laisse les regrets, amie,
j'ai toujours su que la tiédeur seule nous
convenait. Et toi?

L'amie

AUCUNE PAROLE ne m'émouvait autant que le récit de ton enfance. Toutes ces questions que je te posais pour mieux t'imaginer en robe blanche, le regard apeuré. Maintenant, c'est à peine si je retiens ton nom. Les jours de grande paix, ton sourire se dessine dans mon souvenir. Pourtant je poursuis, inlassable, une conversation avec toi. J'entremêle tant de rêves. Qui parle, est-ce toi, est-ce moi ou quelqu'un d'autre qui me répète sans cesse que nous devions mourir ensemble?

Clarté

Seul. Ne plus avoir à camoufler ma sérénité devant des angoissés qui me harcèlent de leur besoin de promiscuité. Jouir jusqu'à ma mort de cet instant de vide absolu.

Projets

TROIS AMIS très chers ont la témérité de parler d'avenir. Écoutez-les évoquer leurs espoirs raisonnables, presque dérisoires dans ce monde de grandioses réalisations. Autour d'eux, ne se livre-t-on pas à de vastes entreprises dont peu de contemporains verront la fin? S'ils sont si tristes au terme de cette après-midi exaltante, n'est-ce pas parce qu'ils savent que trop d'années les séparent et que la mort ne les guette pas avec la même intensité? Pourtant leur cadet a parfois d'étranges étourdissements.

La joie

Vous souvenez-vous, mère, comme nous étions heureux? Vos frères chantaient, les rires de vos sœurs couvraient les clameurs de votre mari. Nous, les enfants, nous contentions de votre bonheur. Peut-être n'avions-nous pas raison de croire à tant de joie. Pourquoi la maison délabrée sous les arbres aurait-elle seule échappé à l'ennui et à la méchanceté?

Promesses

Nous nous étions promis une amitié indéfectible. Toujours nous nous souviendrions du désarroi de l'autre. Désormais je ne compte plus que sur le temps qui gomme tout. Parfois je me souviens de ces premiers tressaillements qui nous rendaient si émouvants.

Les vieux

Un jour, il faudra bien que je me joigne à vous, pauvres vieillards. J'espère pouvoir encore vous trouver pitoyables. Gardez votre prétendue sagesse, vos ridicules assurances. Mes joues parcheminées, ma bouche édentée, non je ne les exhiberai pas devant d'indécentes jeunes personnes qui n'auront même pas honte de leur éclatante beauté.

Bientôt

Bientôt, tu atteindras cet âge qu'elle avait à sa mort. Petit à petit, tu t'adresseras à elle comme à une cadette. Tu la ménageras sans aucun doute, te retenant de l'informer de tes états d'âme. Elle ne sera pas morte pour apprendre les détails de ta profonde désintégration.

Échec

Lorsque l'émerveillement de l'aube devint de plus en plus éphémère, il s'installa dans l'idée de la mort et vécut son angoisse avec une inquiète volupté. Ne lui manqua plus que le sentiment d'être tout à fait pathétique.

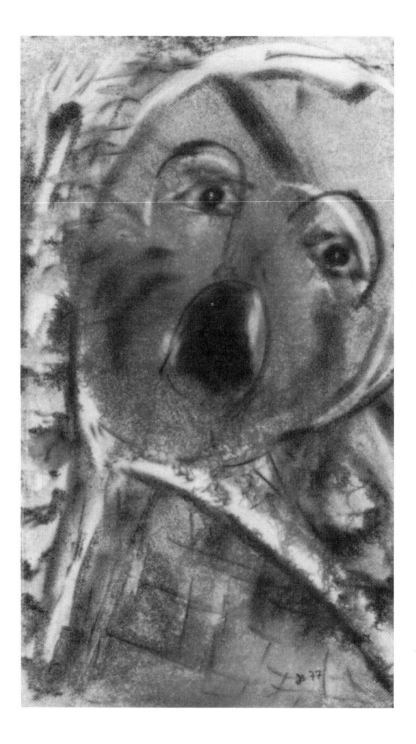

Foules

LEURS MAINS se joignent avec frénésie. Pourvu qu'on ne leur donne pas d'armes. Ils crient leur enthousiasme. Pourvu qu'on ne leur rappelle pas les chants guerriers de leurs pères. Leur visage s'illumine aux chants d'amour. Pourvu qu'ils continuent d'oublier leur détresse.

Labyrinthe

NE ME SUIS PAS dans cette noirceur. Vois-tu encore ces lueurs que je percevais jadis? N'ayant même plus le souvenir de l'espoir, je touche ces murs froids et crayeux. Au loin m'apparaît le trou béant de notre amour.

Amours

DES CLOCHARDS, il en avait vu partout. D'où venait qu'il fût si bouleversé de croiser ce couple qui arpentait le boulevard, en chantant? N'était-ce vraiment que parce que l'homme enserrait la femme? Comme s'il avait été interdit à une loque avinée de suivre pour une fois la loi commune et de dire: «je t'aime».

Le passé

QUAND BIEN MÊME tu reprendrais, instant après instant, les moindres événements de ta vie, croyant t'arrêter de vivre, et qu'ainsi soit suspendue la course folle, non jamais tu ne parviendras à connaître l'immense espoir qui te visita, un soir de décembre. Les femmes que tu as cru aimer (mais que sont ces vieilles édentées qui s'esclaffent en te voyant passer?) ne sont plus qu'une adolescente perverse qui soulève ses jupes et donne le bras à un danseur de tango.

Le vieux couple

CE N'EST PAS à nous, ma douce, que l'on dira
que la vie n'est ni absurde ni pathétique. Nous
sommes-nous assez querellés? Comme si nous
avions aimé par-dessus tout les retrouvailles.
Quand nous saurons que l'heure est venue,
nous devrions choisir de périr ensemble en
ultime hommage à la pitoyable fête à laquelle
nous avons convié nos enfants.

Solitude

Vint un moment où il cessa de croire à sa seule solitude. Méritaient-ils tant d'hostilité ceux qui, dissimulant leur désarroi, affirmaient vivre de beaux jours? Était-ce vraiment leur faute si l'angoisse en eux prenait la forme du sourire?

Le refuge

Tu pourrais te laisser croupir dans cette retraite. Le monde apprend à se passer de toi. Tu as tellement voyagé dans tes rêves que tes propos n'intéresseraient plus personne. Où en sont-ils, ceux que tu appelais jadis tes frères? Par quelles lubies sont-ils maintenant habités? Quoi qu'ils fassent, ils ne te convaincront jamais de te joindre à eux. Trop exigu est leur tombeau.

Toute-puissance

QUAND elle se penchait vers lui, elle affirmait qu'il la protégeait du désespoir. Maintenant qu'elle s'est enfuie, que lui reste-t-il de cette toute-puissance qui mettait un intervalle avant la mort?

Le petit garçon

ATTENDEZ, ne parlez plus. Cet enfant me sourit. Je suis ému. Comme il ressemble à la photo qui ne quitte pas la table de chevet de ma mère. Je lui rends son sourire, mais je sais que déjà il regarde très loin et que je ne parviendrai jamais à suivre son regard.

Une langue étrangère

Vous marchez dans la ville lointaine, surpris
d'entendre ces accents gutturaux qui vous
agressent. Ce sont des frères pourtant, ceux
qui pour exprimer leur joie utilisent une
langue pour vous offensante. Aux moments les
plus exaltants de votre vie, n'avez-vous pas
employé des mots tout aussi étrangers à ceux
qui ne se doutaient pas de la profondeur de
votre amour?

La bien-aimée

AVAIT-IL jamais su la couleur de ses cheveux?
Sa beauté, il l'avait vue dans le regard des
hommes. Certains jours de bonheur, il lui était
arrivé de pleurer brièvement. Était-ce à cause
de l'enfuie qu'il se levait chaque matin dans
un fracas de caisses et de cageots? Il ne s'en
souvenait plus.

Travesti

CHAQUE SOIR, tel un chat, il quittait sa chambre sans bruit. Sachant se mouiller les cils et s'épiler les aisselles avec l'art le plus délicat, il dansait à ravir aux bras d'hommes parfois épris. Un jour pourtant, il ne lui fut plus possible de dissimuler ses rides de douairière. À la maison de retraite, il ne comprit pas qu'il dût être entouré de tant de vieillards. Qu'avait-il en commun avec ces loques qui savaient percer les masques de fard, qui ne se résignaient plus à aimer?

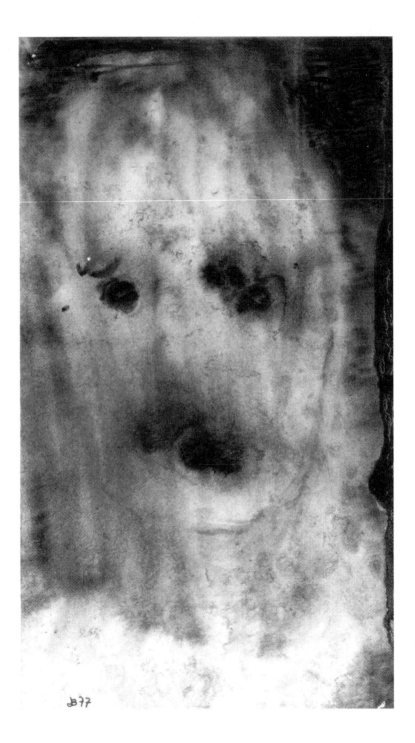

Le voyageur

UN JOUR, il partit pour voir le monde. Il avait cet air inquiet que camouflait mal sa bravade. Sa mère geignait, un vieillard maugréait. Tant d'années plus tard, très las, il s'est arrêté dans une ville proche du lieu de sa naissance. Parfois il a la nostalgie de son enfance, mais il craint d'affronter les ombres vindicatives qui peuplent le vieux quartier.

La maison

TOUT y est si calme. Parfois le soir, on aperçoit un vieillard qui songe à l'horreur de vivre. Le regard quitte alors la fenêtre de la chambre pour s'attacher à l'architecture tout à fait remarquable de cette maison centenaire.

Souvenirs

TE SOUVIENS-TU, amie, des oiseaux qui chantaient, le matin de cette première nuit? Silencieuse est l'aube aujourd'hui. Y a-t-il déjà eu des oiseaux en ce pays?

Le lit

DEVANT LE LIT VIDE, il ne songe plus qu'à la rupture inévitable. Tant de matins à se reconnaître, les sentiers de l'habitude parcourus dans la somnolence, les étreintes qu'on a crues définitives. Ce corps redeviendra étranger, la porte s'ouvrira devant une femme déjà morte qui sourira en pure perte.

En ce temps-là

Maintenant que j'ai perdu jusqu'au désir d'aimer, je me souviens à peine de l'adolescent qui craignait de vieillir. Parfois nous nous disons quelques mots dans le noir. Mais peut-il croire que j'en sois rendu là?

Désespoir

Vous croyez qu'il vous demandera une cigarette ou qu'il réclamera qu'on renouvelle les consommations, mais il réussit à peine à glisser, en jouant avec sa cravate, qu'il s'enlèvera la vie avant l'aube. Une envie de fuir vous prend soudainement que vous ne réprimez pas. Comme si vous craigniez de le détourner de son projet.

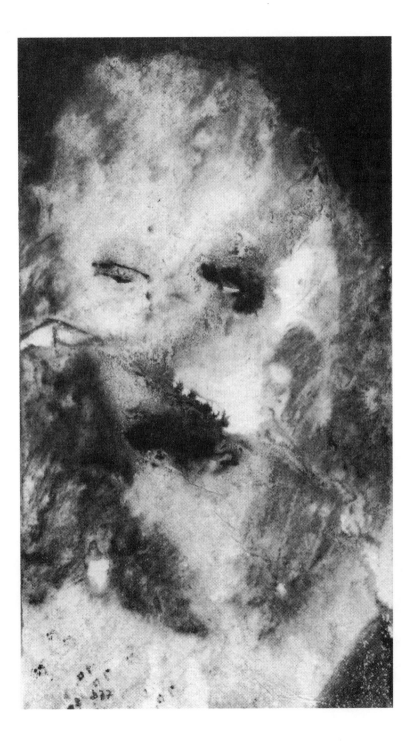

La mort

Il s'était souvent demandé comment il mourrait. Le médecin venait de quitter la chambre sur la pointe des pieds, une infirmière se penchait sur lui. La femme aux cheveux gris qui essuyait ses larmes n'était plus qu'un parfum. Il ressentit l'envie d'éternuer, urina un peu malgré lui et chercha un prénom, qu'il ne trouva pas.

Nous

Hier, ma femme a pris l'avion pour une ville dont elle ne m'a pas dit le nom. Mon fils a claqué la porte tout à l'heure en me maudissant. Un inconnu qui passait devant ma maison a entraîné mon chien. Pourtant il m'arrive encore, par habitude, de dire: «nous».

Le temps

DEPUIS que tes doigts sur ma main se crispaient — tes yeux alors — il s'est passé tellement de temps que j'ai oublié qui nous sommes. Des inconnus successifs se sont substitués à nous, mais j'aime toujours l'ombre de ton ombre.

Ami

COMMENT ES-TU? Dans cette course inutile, n'as-tu point trop de mal? L'autre jour, tu m'as parlé d'une femme retrouvée. Tendres, attentifs l'un pour l'autre, apaisés, vous vous protégez contre l'envahisseur. Il fait nuit maintenant et le chat qui dort à mes côtés me fait presque oublier la catastrophe imminente. Je pense vraiment que j'aurais la force de vous regarder.

Le maître

LE MAÎTRE a convoqué le père. Derrière la porte, l'enfant ne perçoit que des éclats de voix. Que peuvent-ils raconter sinon que tout le terrorise? Ils se sont tus soudainement. Les rideaux battent au vent et une femme s'évanouit.

Vous étiez là?

AINSI DONC vous l'avez vue mourir? Vous avez pu vous approcher d'elle, comprendre ces mots qu'elle murmurait dans son agonie? Vous avez su que c'était moi qu'elle revoyait pendant que ses yeux se durcissaient et que s'échappaient de sa bouche crispée de douleur tant de furieuses onomatopées?

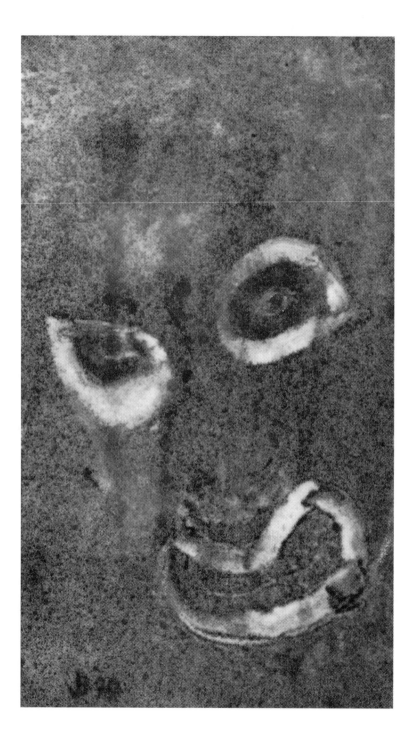

Leurs pas

LEURS PAS martèlent l'asphalte de l'allée avec une belle uniformité. Par moments, on dirait un mouvement de troupe. Puis les fureurs guerrières s'estompent. Pourvu qu'ils ne descendent pas dans le réduit où vous êtes tapi depuis tant d'années, pourvu qu'ils ne viennent pas vous rappeler que le temps bondit sur vous, pourvu qu'ils ne viennent pas vous aimer.

Le complice

Un ami vous aborde dans la rue. Ses yeux n'ont plus cette inquiétude rassurante. Aurait-il cessé d'être tourmenté? Pourrait-il seulement vous appeler en larmes au petit matin? Finiriez-vous donc par être seul à vous demander où vous conduisent les chemins de la vie, le seul à affirmer toutes les nuits que l'espoir est un leurre? Vous songez alors à une douleur ancienne qu'il s'agirait tout juste d'évoquer pour que réapparaisse le masque troublé.

Dimanche

PARFOIS le dimanche il reçoit la visite de son fils, l'écrivain. Il évoque alors des jours lointains. Son visage s'illumine. Il ne voit pas cet œil narquois qui l'observe en toute méchanceté.

L'exclu

QUITTER la maison paternelle, telle était l'aventure. De toute évidence on aurait préféré que la porte reste fermée et que la forteresse paraisse inexpugnable. Pourquoi fallait-il que le fils, bravant ainsi la consigne, se dirige d'un pas assuré vers la sortie? Pourquoi avoir humilié l'autorité du père, puisque depuis si longtemps il ne s'évade même plus de la chambre solitaire?

Hargne

APRÈS toutes ces années, il ne me reste de nous que le souvenir rongé d'amertume d'une main qui me frôle. Une lèvre aussi tressaillait. Ah! tu peux bien vitupérer contre cette loque que tu côtoies à longueur de journée. Ta hargne même n'effacera pas les traces de cet amour qui exista.

Le vieil écrivain

AINSI DONC, il s'est levé, ce matin. Avec d'infimes précautions il a revêtu une robe de chambre trouée. Glissant ses pas le long de l'étroit corridor, il se rendra jusqu'à sa table de travail. Ses doigts déformés s'empareront d'un bout de crayon. Mais que racontera-t-il donc aux hommes qu'ils ne sachent déjà? Une nouvelle race est apparue qui répand à la ronde tant d'idées et de sensations nouvelles. Sûrement ferait-il mieux de rester au lit et de refuser toute nourriture.

Les enfants

À LES VOIR, à les entendre, on ne dirait vraiment pas que… Ils ne savent pas. Ils croient que toujours… Les souffrances qu'ils nous causent. Les joies qu'ils nous apportent sont éphémères. Vous avez remarqué leur impudence? Ils savent bien qu'ils nous conduiront à notre mort. Et ceux qui n'ont pas cette morgue dans le regard semblent nous supplier. Comme si nous pouvions leur indiquer un chemin de traverse. Alors nous préférons ces rires de crécelle qui nous détruisent à jamais.

L'inaccessible

L E VIEILLARD refusait d'escalader la colline pourtant minuscule. Des jeunes gens avaient beau l'assurer que la vue de là-haut était superbe et que la montée serait ponctuée de plusieurs haltes, rien n'y faisait. Si on le pressait, il finissait par admettre que la frondaison qui masquait le sentier lui rappelait le cimetière de son village.

Suicide

ON LE FÉLICITE de sa bonne mine. Alors ces projets de suicide, terminés? Ils ne savent donc pas qu'il poursuit sa lente et absurde agonie?

Les bêtes

CE CHIEN qui aboie sans arrêt! Si un mur ne vous séparait pas de lui; si vous aviez un fusil à longue portée; si vous aviez la clef de l'appartement où l'a enfermé son maître, est-ce que vous ne laisseriez pas par mégarde la porte ouverte derrière vous? Mais alors ne risqueriez-vous pas que la bête s'attache à vos pas, qu'elle vous reconnaisse comme son inséparable dominateur? Et vous frémissez à la pensée de tant de rapports humiliants et inutiles. Qu'elle jappe donc tant qu'elle voudra, l'ignoble bête!

Excuses

LORSQUE tu te seras persuadé comme moi de
la vanité de tout et que tu songeras à me
reprocher ta naissance, sache que jamais père
ne fut plus honteux que le tien. Si alors je me
suis réfugié dans la mort, ne crois pas que j'ai
cédé à la lâcheté. Jusqu'à la fin, je me serai
agrippé à ton ombre.

La vie éternelle

Nous sommes-nous assez moqués de la vie éternelle? Notre royaume était pleinement terrestre. Maintenant que s'amenuise le temps du répit, j'imagine pour nous un trépas commun. Mourir ensemble, nos corps côte à côte, comme si nos mains pouvaient encore se toucher dans un ailleurs.

Table

DU MÊME AUTEUR

Une suprême discrétion, roman. Montréal, Cercle du Livre de
France, 1963.
La vie à trois, roman. Montréal, Cercle du Livre de France, 1965.
— réédition chez Alain Stanké, éditeur, collection 10/10, 1981.
Le tendre matin, roman. Montréal, Cercle du Livre de France,
1969.
Parlons de moi, roman. Montréal, Cercle du Livre de France, 1970.
— réédition chez Alain Stanké, éditeur, collection 10/10, 1979.
— traduction anglaise parue sous le titre de *One For The Road,*
Oberon Press, 1982.
La fleur aux dents, roman. Montréal, Cercle du Livre de France,
1971.
— réédition chez Quinze, éditeur, 1980.
— traduction anglaise parue sous le titre de *The Man With A
Flower in His Mouth,* Oberon Press, 1983.
Enfances lointaines, nouvelles. Montréal, Cercle du Livre de
France, 1972.
— réédition aux Éditions du Boréal, 1992.
La fuite immobile, roman. Montréal, l'Actuelle, 1974.
— réédition chez Alain Stanké, éditeur, collection 10/10, 1982.
— traduction anglaise sous le titre de *Standing Flight,* Oberon
Press, 1986.
Le tricycle, suivi de *Bud Cole Blues,* textes dramatiques. Montréal,
Leméac, 1974.
Les pins parasols, roman. Montréal, Quinze, éditeur, 1976.
— réédition chez Quinze, éditeur, 1980.
— réédition aux Éditions de l'Hexagone, collection Typo,
1988.
— traduction anglaise sous le titre de *The Umbrella Trees,*
Oberon Press, 1981.
Stupeurs, proses. Montréal, Éditions du Sentier, 1979.
Les plaisirs de la mélancolie, chroniques. Montréal, Quinze, éditeur,
1980.

Le voyageur distrait, roman. Montréal, Éditions internationales Alain Stanké, 1981.

— réédition aux Éditions de l'Hexagone, collection Typo, 1988.

À voix basse, roman. Montréal, Éditions du Boréal, 1984

L'obsédante obèse et autres agressions, nouvelles. Montréal, Éditions du Boréal, 1987.

— traduction anglaise parue sous le titre de *In the Minor Key,* Oberon Press, 1987.

Chroniques matinales, chroniques. Montréal, Éditions du Boréal, 1989.

Les choses d'un jour, roman. Montréal, Éditions du Boréal, 1991.

Un après-midi de septembre, récit. Montréal, Éditions du Boréal, 1993.

PARUS DANS LA COLLECTION FICTIONS

*Cet ouvrage composé en New Baskerville corps 14
a été achevé d'imprimer
le treize janvier mil neuf cent quatre-vingt-quatorze
sur les presses de l'Imprimerie Gagné
à Louiseville
pour le compte des
Éditions de l'Hexagone.*

Imprimé au Québec (Canada)